INVENTAIRE

G 18048

I0080422

ABREGÉ
DE CHRONOLOGIE,

D'APRÈS

LA CHRONOLOGIE D'USSERIUS,

ADOPTÉE

PAR M. ROLLIN.

NOUVELLE ÉDITION.

ROYALE BIBLIOTHEQUE

PARIS,

DE L'IMPRIMERIE D'AUG. DELALAIN,

Libraire, rue des Mathurins-S.-Jacques, n° 5.

1818.

G

13048

Toutes mes Editions sont revêtues de ma signature.

Auguste Delalain

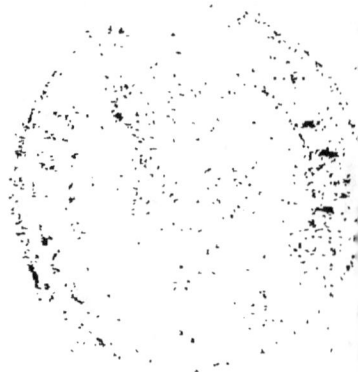

ABRÉGÉ
DE CHRONOLOGIE.

Un jeune homme qui veut lire l'histoire avec fruit, doit avoir une connaissance exacte des temps et des lieux où se sont passés les faits, c'est-à-dire, de la géographie et de la chronologie. L'atlas, imprimé chez H. Barbou, suffit pour la partie géographique; c'est dans le même point de vue qu'on a dressé ces tables. Elles sont faites sur la chronologie d'Usserius, adoptée par M. Rollin.

IL Y A DEUX GRANDES ÉPOQUES:

La première, depuis la création du monde jusqu'à Jésus-Christ, est de 4004. Dont il faudra toujours retrancher la date du monde, pour avoir la date avant Jésus-Christ.

La seconde, depuis Jésus-Christ jus-
qu'à nos jours, est de   1818

Epoques de l'Histoire ancienne.

La création du monde.   1
Le premier empire des Assyriens.   1800
Le second empire des Assyriens.   3257
L'empire des Perses.   3468
L'empire des Grecs où d'Alexandre,
  ou bataille d'Arbelles.   3674
Les Parthes envahissent la partie de
  cet empire qui étoit au-delà du
  Tigre.   3754
Monarchie Romaine, ou bataille d'Ac-
  tium, gagnée par Auguste, trois
  cents ans après la bataille d'Ar-
  belles.   3974
Rome avoit été fondée l'an 3253. Sa
  fondation concourt avec le second
  empire des Assyriens.
Jésus-Christ naît sous Auguste.   4004

Epoques de l'Histoire moderne.

Naissance de Jésus-Christ.   1
La paix rendue à l'Eglise par Constantin, au concile de Nicée.   325

Théodose partage l'empire Romain
en empire d'*Orient* et en empire
d'*Occident*. 395

Irruption des Barbares en Occident. 406

Bouleversement de l'empire Romain
en Occident. 476

Clovis, roi de France, meurt en 511

Fin de la première race ; Pepin le
Bref, chef de la seconde. 752

Charlemagne, son fils, rétablit l'empire en Occident. 800

Fin de la deuxième race ; Hugues
Capet, chef de la troisième. 987

Saint-Louis meurt en 1270

Branche de Valois, Philippe VI. 1350

Branche de Bourbon, Henri IV, le
2 août. 1589

Louis XIII, le 14 mai. 1610

Louis XIV, le 14 mai. 1643

Louis XV, le 1er. septembre. 1715

Louis XVI, le 10 mai. 1774

I. Premier empire des Assyriens.

Nembrod ou Belus. 1800

Ninus

* 1.

II. SECOND EMPIRE DES ASSYRIENS.

1°. *Empire de Ninive.*

2°. *Empire des Babyloniens.*

Les successeurs sont inconnus.

Asarhadon réunit Babylone à Ninive. 3323

Nabopolassar détruit Ninive, et trans-
porte le siège de l'empire à Babylone. 3378

Nabuchodonosor II. 3397

Evilmérodach. 3442

Neriglissor.

Laborosoarchod.

Labynit ou Balthazar. 3449

Prise de Babylone; fin de cet empire. 3466

3°. *Empire des Mèdes.*

Arbace exerce l'autorité souveraine. 3257

Déjoce se fait déclarer roi. 3296

Phraorthe ou Arphaxat. 3347

Cyaxare I. 3369

Astyages, l'Assuérus de Daniel et de
Tobie. 3419

Cyaxare II, ou Darius le Mède. 3444

Il meurt deux ans après la prise de
Babylone. 3466

Cyrus, son neveu et son gendre, réunit le second empire des Assyriens,
et forme un nouvel empire sous le
nom d'empire des Perses. 3468

III. *Empire des Perses.*

ARTAXERXÈS Longue-Main. 3532

La flotte des Perses défaite par Cimon,
    près du fleuve Eurimédon. 3533

Fin de la guerre entre les Grecs et les
    Perses. 3555

XERXÈS II. 3579

Sogdien le fait mourir au bout de
    quarante-cinq jours.

Il règne six mois.

DARIUS NOTHUS ou Ochus, se défait
    de Sogdien. 3580

ARTAXERXE-MNEMON. 3599

Révolte et défaite de Cyrus le Jeune,
    son frère.

Retraite des dix mille. 3603

Paix d'Antalcide honteuse pour les
    Grecs. 3617

OCHUS. 3642

Arsès succède à son père, empoisonné
    par Bagoas.

DARIUS CODOMAN est mis sur le trône
    que Bagoas avoit rendu vacant par
    le meurtre d'Arsès. 3668

Bataille du Granique. 3670

Bataille d'Issus. 3671

Bataille d'Arbelles. 3673

Mort de Darius; fin de l'empire des Perses, et commencement de celui d'Alexandre, dit aussi des Grecs ou des Macédoniens.   3674

IV. *L'Empire des Grecs.*

Pour se faire une idée juste de l'histoire des Grecs, il faut distinguer quatre différens âges, marqués par autant d'époques mémorables.

Le premier âge s'étend depuis la fondation de Sicyone en   1915

jusqu'à la prise de Troye.   2820

Le second jusqu'au règne de Darius, fils d'Hystaspe.   3485

Le troisième jusqu'à la mort d'Alexandre.   3681

Le quatrième jusqu'à la ruine entière de ses successeurs, par l'extinction du royaume des Lagides en Egygte, c'est-à-dire, jusqu'à la bataille d'Actium.   3974

Le premier âge appartient en entier à la fable, plutôt qu'à l'histoire.

On voit dans le second les différens

Etats prendre une certaine consis-
tance et une forme politique.

Le troisième est le beau temps de la
Grèce, et le quatrième celui de sa
décadence et de sa chûte.

La Grèce renfermoit un grand nombre
d'Etats indépendans, dont il est à
propos de marquer l'origine, pour
faciliter l'intelligence d'une histoire
aussi compliquée.

SICYONE, le plus ancien des royaumes
de la Grèce.   1915

ARGOS : Inachus en fut le fondateur. 2148

MYCÈNES : Persée, fils de Danaé,
ayant tué par mégarde Acrisius, son
grand-père, roi d'Argos, alla fon-
der le royaume de Mycènes.   2530

Agamemnon étoit roi de Mycènes. Il
prit Troye.   2820

Oreste, son fils, réunit le royaume
d'Argos à celui de Mycènes

SPARTE ou Lacédémone : Lelex vers
l'an   2500

Tyndare eut de Léda, sa femme,
Castor et Pollux ; Clytemnestre,
femme d'Agamemnon ; et Hélène,

1

femme de Ménélas, frère d'Agamemnon. Hélène fut enlevée par
Pâris, fils de Priam, et fut cause de
la guerre de Troye.   2820

ATHÈNES : Cécrops, originaire d'E-
gypte.   2448

Il eut pour successeurs Cranaüs, Am-
phictyon, etc. Pandion, Egée,
Thésée, etc. Codrus fut le dernier
roi, et son fils Médon le premier.

Archontes perpétuels.   2934

Archontes annuels.   3300

CORINTHE : Sisyphe, fils d'Eole.   2628

THÈBES : Cadmus vient des environs
de Tyr et de Sydon.   2549

Les funestes malheurs de Laïus, l'un
de ses successeurs, et de Jocaste sa
femme, d'Œdipe leur fils, d'Etéo-
cle et de Polynice, fils d'Œdipe,
ont fourni une ample matière aux
récits de la fable.

LES ÉTOLIENS étoient ce que sont en-
core aujourd'hui les Albanois, qui
occupent à peu près le même local,
c'est-à-dire, un peuple de pirates
et de voleurs. Ils firent constam-

ment la guerre aux rois de Macédoine, et furent tantôt alliés, tantôt
ennemis des Romains., etc.

Épire : Les rois d'Epire prétendoient
descendre de Pyrrhus, fils d'A-
chille ; ils s'appeloient en consé-
quence *Eacides*, d'Eacus, grand-
père d'Achille.

Arrybas fut le législateur de cet Etat.
Néoptolème, son frère, qui régna
avec lui, avoit donné sa fille Olym-
pias en mariage à Philippe, roi de
Macédoine. De ce mariage naquit
Alexandre-le-Grand, l'an   3648

Pyrrhus, fils d'Eacide et petit-fils
d'Arrybas, monte sur le trône vers
l'an   3707

Il fit la guerre aux Romains en Italie,
et fut tué au siége d'Argos.   3733

Ligue des Achéens. C'étoit une république composée d'abord de douze
villes du Péloponèse, *Patræ*,
Dima, etc. Les peuples furent
nommés Achéens, d'Achæus, fils
d'Hellen et petit-fils de Deucalion,

roi de Thessalie. Cette ligue commença à se former vers l'an 2500

Elle perdit sa liberté sous Philippe et Alexandre, et la recouvra vers l'an 3724

Aratus de Sicyone et Philopémen de Mégalopolis rendirent cette ligue très-puissante. 3821

Après leur mort, les Romains l'affoiblirent plutôt par adresse qu'à force ouverte. Enfin, elle succomba avec le reste du Péloponèse, sous le consul Mummius, l'an 3858

MACÉDOINE : Caranus premier roi. 3191

A peine connoît-on de nom quelquesuns de ses successeurs. Les rois de Macédoine n'entrent presque pour rien dans l'histoire de la Grèce jusqu'à Philippe, fils d'Amyntas, et père d'Alexandre.

Alexandre mourut en 3681

Aridée, son frère, mais d'une autre mère, et le fils d'Alexandre, sont reconnus pour ses successeurs. L'autorité resta entre les mains des généraux, qui partagèrent l'empire en quatre royaumes; l'Egypte, la

Syrie, la Thrace et la Macédoine.

Cassandre fait mourir Roxane et son
fils, et prend le titre de roi de Macédoine, après la bataille d'Ipsus. 3703

Persée est le dernier roi, et la Macédoine est réduite en province Romaine. 3856

La plupart de ces États eurent dans
l'origine le titre de royaume, et se
gouvernèrent dans la suite en forme
de république. 3856

Les Grecs établirent des colonies, qui
devinrent dans la suite des États
assez considérables

Syracuse fut fondée par Archias de
Corinthe, vers l'an 3300

Crotone et Sybaris furent fondées
par les Achéens, à peu près dans
le même temps. 3300

Il est à propos de parler ici de deux
républiques étrangères à la Grèce,
mais qui sont célèbres dans l'histoire.

Tyr. 2752

Carthage, colonie de Tyr. 3158

Table chronologique de l'Histoire générale des Grecs.

PREMIER AGE.

Les événemens de cet âge font la matière de la fable. On y trouve la fondation de quelques villes, dont la date est d'ailleurs fort incertaine. *Sycione*, *Argos*, *Athènes*, etc. : nous en avons déjà parlé. Le déluge d'Ogygès et de Deucalion ; les travaux d'Hercule ; l'attentat des Danaïdes ; les malheurs d'Œdipe ; l'expédition des Argonautes ; les exploits de Thésée, etc., appartiennent à la mythologie.

Invasion de Pélops dans l'*Apie*, à qui il donne le nom de Péloponnèse, vers l'an 2700

La prise de Troye. 2820

SECOND AGE.

Les Héraclides envahissent le Péloponnèse. 2900

Archontes perpétuels à Athènes.	2934
Lycurgue, législateur de Lacédémone.	3120
Première olympiade, avant Jésus-Christ 776, et du monde	3228
Première guerre des Lacédémoniens contre les Messéniens, dure vingt ans.	3261
Seconde guerre contre les mêmes, dure quatorze ans.	3320
Dracon, législateur d'Athènes.	3380
Solon, second législateur d'Athènes.	3400
Pisistrate, tyran d'Athènes.	3445
Pes Pisistratides sont chassés.	3495

TROISIÈME AGE.

Darius, fils d'Hystaspe, déclare la guerre à la Grèce.	3510
Ses généraux sont vaincus à Marathon par Miltiade.	3515
Combat des Thermopyles, combat naval près d'Artémise, et bataille de Salamine.	3524
Bataille de Platée et de Mycale.	3525

près de Cnides, par Pharnabase et
Conon, Athénien.

Agésilas, roi de Lacédémone, défait
les Thébains près de *Coronée*.　　3610

Paix honteuse aux Grecs, conclue
avec les Perses, par Antalcide, La-
cédémonien.　　3617

Bataille de *Leuctres*, où les Thébains, commandés par Pélopidas
et Epaminondas, défont les Lacédé-
moniens.　　3634

Bataille de *Mantinée*. Epaminondas
y périt.　　3641

Philippe monte sur le trône de Macédoine.　　3644

Guerre des alliés contre les Athéniens, dure trois ans.　　3646

Guerre sacrée. Des champs consacrés
à Apollon et labourés par les Pho-
céens, en sont l'occasion.　　3649

Philippe est déclaré généralissime
des Grecs, dans le conseil des Am-
phyctions, et bataille de *Chéronée*,
où il défait les Athéniens et les Thébains réunis.　　3666

Philippe se fait déclarer général des

QUATRIÈME AGE.

Aridée, frère d'Alexandre, mais d'une
autre mère, est reconnu pour son
successeur. Il règne dans la suite
conjointement avec Alexandre son
neveu, fils de Roxane. Ils n'avoient
que le titre de roi, l'autorité étoit
entre les mains des généraux, qui
se firent une guerre cuelle.

Après la mort de ces deux princes,
il se donna une fameuse bataille à
Ipsus en Phrygie. Antigone fut tué,
Démétrius, son fils, fut mis en fuite,

et l'empire d'Alexandre fut partagé en quatre royaumes : l'Egypte, la Macédoine et la Thrace, dont la Bithynie faisoit partie.

Lysimaque fut le premier et le dernier roi de Thrace ; après sa mort, ses Etats furent démembrés. Tous les royaumes devinrent successivement des provinces de l'empire Romain.

Il est peu d'histoires plus embrouillées que celle des successeurs d'Alexandre. La plupart des rois de Syrie s'appellent Antiochus, ou Seleucus ; ceux d'Egypte, Ptolémée : ces princes sont dans une guerre presque continuelle, dont les événements n'ont rien de remarquable. Il est à propos cependant d'en donner une idée ; mais pour éviter la confusion, nous ne ferons entrer dans cette liste chronologique, que les princes qui ont eu part à certains faits intéressans.

Mort d'Alexandre. 3681

Bataille d'Ipsus. Division de l'empire d'Alexandre entre Ptolémée, Séleucus, Cassandre et Lysimaque. 3703

Rois d'Egypte. 17.

Ptolémée, fils de Lagus, ou Soter.   3704

Ptolémée Philadelphe, son fils, meurt.   3758

Il fit traduire en grec les livres saints.

Leurs successeurs, jusqu'à Cléopâtre, sont au nombre de quinze. Il y a donc eu dix-sept rois jusqu'à la bataille d'Actium, que l'Egypte fut réduite en province romaine.   3974

Rois de Syrie. 24.

Séleucus Nicanor.   3754

Antiochus I, Soter.

Antiochus II, Theus. Il perd toutes les provinces situées au-delà du Tigre. Révolte d'Arsaces et commencement de l'empire des Parthes.   3754

Antiochus III, le Grand, reçoit Annibal, fait la guerre aux Romains, meurt.   3817

Antiochus IV, Epiphane. 3829

Martyre des sept frères Machabées.
Mathatias, chef de la famille des
Asmonéens. Judas Machabée, son
fils. Antiochus meurt. 3840

Antiochus XIII, l'Asiatique. Pompée
le dépouille de ses Etats. La Syrie
est réduite en province Romaine. 3939

Rois de Macédoine. 20.

Cassandre. 3704

Philippe est défait par les Romains à
Cynoscéphales et conclut la paix. 3808

Persée, fils de Philippe, est défait
par Paul-Emile, près de Pydna,
vingt ans après; la Macédoine est
réduite en province Romaine. 3856

Tout le reste de la Grèce eut le même
sort au bout de deux ans, après la
bataille de Leucopetra, et la prise
de Corinthe par le consul Mummius. 3858

Royaume de Pont, vers l'an 3490.

Le royaume de Pont fut fondé par Darius, fils d'Hystaspe, vers l'an 3490. Mais les premiers rois sont peu connus jusqu'à Mithridate.   3600

Ses successeurs portèrent le même nom, jusqu'à Mithridate VI, surnommé le Grand.   3881

Première guerre de Mithridate. Il est défait par Sylla auprès de Chéronée et à Orchomène. Traité de paix entre Mithridate et Sylla.   3920

Un an après, seconde guerre; elle dure un peu moins de trois ans.

Troisième guerre : Lucullus et Cotta sont mis à la tête de l'armée Romaine.   3929

Pompée est donné pour successeur à Lucullus; il s'empare de Caïne, où étoient les trésors de Mithridate. Ce prince meurt, et Pharnace, son fils, soumet et sa personne et ses Etats aux Romains.   3939

Rois de Bithynie.

La Bithynie avoit eu des rois particuliers avant les conquêtes d'Alexandre. Cette province, ainsi que la Thrace, échut à Lysimaque. Mais après la mort de ce prince, Nicomède I monta sur le trône de Bithynie, par le secours des Gaulois, à qui il abandonna une province, qui, de leur nom, fut appelée Galatie. 3726

Prusias I, Prusias II, chez qui Annibal se retira. Nicomède II, et Nicomède III. Celui-ci laissa en mourant la Bithynie au peuple Romain. 3928

Rois de Pergame.

Lysimaque confia ses trésors et la ville de Pergame, à Philétère. Celui-ci en demeura maître après la la mort de Lysimaque. Il régna vingt ans, et laissa ses États à Eumène, son neveu, l'an 3741

Attale III, surnommé Philométor,
laissa les Romains héritiers de ses
richesses et de son royaume. 3871

Rois de Cappadoce.

Ariarathe fut le premier roi, l'an 3644
La plupart de ses successeurs eurent
le même nom. Antoine chassa Ariarathe X de la Cappadoce, et établit
à sa place Archélaüs. 3973
A la mort de ce prince, la Cappadoce fut réduite en province Romaine.

Syracuse.

On rapporte la fondation de Syracuse
à l'an 3300
Gélon, premier roi. 3525
Hiéron et Thrasybule lui succèdent.
Après eux la liberté est rétablie.
Denys l'Ancien s'empare du gouver-
nement. 3598
Denys le jeune est chassé, et se re-
tire à Corinthe. 3657
Agathocle s'empare de la tyrannie. 3685

Hiéron est déclaré roi.   3736

Hiéronyme, son fils, fait alliance
avec Annibal. Marcellus se rend
maître de Syracuse, après un siège
de trois ans.   3792

Carthage.

Carthage fut fondée l'an   3158

Premier traité entre les Carthaginois
et les Romains.   3501

Les Carthaginois font alliance avec
Xerxès, et attaquent les Grecs éta-
blis dans la Sicile.   3523

Ils concluent la paix avec les Syracu-
sains.   3600

Second traité de paix avec les Ro-
mains.   3654

Première guerre Punique, dure vingt-
quatre ans.   3740

Siège de Sagonte par Annibal. Seconde guerre Punique, dure dix-
sept ans.   3786

Troisième guerre Punique.   3855

Scipion le Jeune détruit entièrement
Carthage.   3858

V. *L'Empire Romain.*

Pour mettre de l'ordre et de la clarté
dans l'étude de l'Histoire Romaine,
il est à propos de la diviser en cer-
taines parties, qui, en présentant
d'abord l'ensemble, montrent les
principaux événemens, et en font
connoître la suite et la durée. Tout
le temps de l'Histoire Romaine,
depuis Romulus jusqu'à Auguste,
est de sept cent vingt-trois ans, qu'on
peut diviser en cinq parties : .

3252...... *Première époque, les sept
rois de Rome, dure deux cent
quarante - quatre ans*, l'an du
monde 3496.

Nota. On compte les années depuis
la fondation de Rome jusqu'à Jésus-
Christ. Il suffit donc de se rappeler
que l'an 3253 concourt avec la
première année de Rome; et qu'ainsi
en ajoutant 3252 à l'année de Rome,
on aura l'année du monde.

1. Romulus règne trente-sept ans. 1
Interrègne d'un an.
2. Numa Pompilius règne trente-
deux ans. 39
3. Tullus Hostilius règne trente-
deux ans. 82
Combat des Horaces et des Curiaces.
4. Ancus Martius règne vingt-quatre
ans. 113
5. Tarquin l'Ancien règne trente-huit
ans. 138
6. Servius Tullius règne quarante-
quatre ans. 176
7. Tarquin le Superbe. 220

3496...... *Deuxième époque depuis*
l'expulsion de Tarquin jusqu'à la
prise de Rome par les Gaulois,
cent vingt-un ans, l'an du monde
3817.

Brutus et Collatin, premiers *consuls.* 244
Première alliance de Rome avec Car-
thage. Brutus fait mourir ses fils :
Porsenna assiège Rome. Horatius
Coclès, Mutius Scévola, Clélie, etc.

3617...... *Troisième époque depuis
la prise de Rome jusqu'à la première guerre Punique*, cent vingt-
trois ans, l'an du monde 3740.

Lucius Sextius, premier consul plé-
béien, et établissement de la pré-
ture et de l'édilité curule (3641).   389

Commencement de la guerre contre
les Samnites, qui dure cinquante
ans (3654),   412

Manlius Torquatus fait mourir son fils,
pour avoir combattu contre sa dé-
fense. Fourches Caudines (3686).   434

Guerre déclarée aux Tarentins.   471

Pyrrhus, roi d'Epire, vient à leur secours; bat deux fois les Romains,
est défait dans un troisième com-
bat, et repasse la mer (3729).   477

A l'époque de la première guerre Punique, l'Etat de la République
comprenoit cette partie de l'Italie
que nous connoissons aujourd'hui
sous le nom de Naples, de l'Etat

2

Ecclésiastique, et d'une partie de la Toscane.

3740..... *Quatrième époque, depuis la première guerre Punique jusqu'à la destruction de Carthage,* cent dix-huit ans, l'an du monde 3858.

Egates. Fin de la première guerre
Punique : la partie de la Sicile qui
appartenoit aux Carthaginois de-
vient province Romaine (3763).....
Le reste formoit le royaume d'Hié-
ron.   511

La Sardaigne est cédée aux Romains.
Temple de Janus fermé pour la seconde fois. Il l'avoit été du temps
de Numa Pompilius.   517

Guerre contre Teuta, reine d'Illyrie.
Corcyre, Paros, etc., sont cédés
aux Romains. Ils envoient des am-
bassadeurs en Grèce. Première al-
liance avec les Grecs.   523

Bataille de Télamon, ville d'Etrurie.
Les Gaulois sont taillés en pièces.   527

Sagonte, ville alliée des Romains,
assiégée et prise par Annibal, donne
lieu à la seconde guerre Punique
(3786).... qui dure dix-sept ans.   534

Annibal passe les Pyrénées et les
Alpes, défait les Romains près du
Tésin, de la *Trébie*, du lac de
Trasimène, et enfin à *Cannes*.   536

Prise de *Syracuse* par Marcellus.   540

Annibal quitte l'Italie, perd la bataille
de *Zama* contre Scipion , 3804....
Fin de la seconde guerre Punique.   552

Première guerre de Macédoine contre Philippe. Bataille de *Cynoscé-*
phales, gagnée par les Romains, et
qui est suivie d'un traité de paix,
par lequel tous les Etats de la Grèce
sont reconnus pour être libres et
indépendans.   556

Annibal s'enfuit de Carthage, et passe
en Asie ; guerre contre Antiochus
le Grand. Ce prince est défait près
de *Magnésie* par L. Scipion l'Asiatique, frère de P. Scipion l'Africain, et obtient la paix.   563

Seconde guerre de Macédoine. Persée,
fils de Philippe , est défait par Paul-
Emile , près de *Pydna*   584

Troisième guerre Punique , qui n'a
d'autre cause que la jalousie et l'am-
bition des Romains. Elle dure quatre
à cinq ans. Scipion Emilien assiège
(3858).... et détruit Carthage.   606

A la même époque , Corinthe est détruite par le consul Mummius, et toute la Grèce est réduite en province Romaine.

Cinquième époque, depuis la ruine de Carthage jusqu'à la bataille d'Actium, et à la mort d'Antoine, cent seize ans, l'an du monde 3974.

Guerre contre Viriathus. Guerre des esclaves en Sicile. Numance détruite par Scipion Emilien, ou l'Africain, deuxième du nom.   619

Troubles domestiques, excités par Tibérius et Caïus Gracchus. Tibérius est assassiné dans le Capitole, et douze ans après Caïus périt misérablement.   631

Guerre de Jugurtha terminée par Marius.   647

Marius défait les *Teutons* près de la ville d'Aix en Provence, et les *Cimbres* dans les plaines de Verceil (3901).   651

La même année, fin de la deuxième

guerre des esclaves en Sicile. Elle
avoit duré quatre ans.

Guerre sociale ou des alliés, qui se
termine au bout de trois ans, par
accorder le droit de bourgeoisie à
tous les peuples d'Italie.   663

Guerre de Marius et de Sylla. Sylla
défait le jeune Marius *à Sacriport*,
se fait nommer dictateur perpé-
tuel, abdique la dictature, et meurt
tranquillement quelque temps après
(3926).   674

Sertorius, attaché au parti de Marius,
s'étoit retiré en Espagne. Cette
guerre dura dix ans, et fut terminée par Pompée.   680

Guerre de Spartacus, ou des Gla-
diateurs, terminée par Crassus.
Guerre des Pirates, terminée par
Pompée.   685

Mithridate fit une guerre presque
continuelle aux Romains pendant
près de vingt-cinq ans. Il eut à
combattre successivement Sylla,
Lucullus, et enfin Pompée, qui le
mit dans la nécessité d'avaler du

poison, et qui rendit Pharnacé, son
fils, tributaire de Rome.   689

La même année, Pompée dépouille
Antiochus l'Asiatique de ses Etats,
réduit la Syrie en province Romaine, et Cicéron étouffe la conju-
ration de Catilina.

Premier triumvirat entre Pompée,
César et Crassus. César avoit quarante ans, et Pompée quarant-sept. 692

Guerre des Parthes ; fin malheureuse
de Crassus (3951).   699

Il y avoit près de quarante ans que
les Romains s'étoient établis dans
les provinces méridionales de la
Gaule, lorsque César en fit, dans
l'espace de dix ans, la conquête
toute entière. Au retour de cette
expédition, il reçut ordre du sénat
de licencier ses troupes. Mais il
passe le *Rubicon*. Commencement
de la guerre civile (3955). 703

Pompée quitte Rome, passe en Grèce ;
bataille de Pharsale ; mort de Pompée.   704

Guerre d'Afrique ; mort de Caton. César passe en Espagne ; bataille de

Munda. Il est assassiné en plein sénat
par Cassius, etc.   708

Second triumvirat : Octavien, Antoine et Lépidus. Bataille de *Phi-*
lippes, où périssent Brutus et Cassius. Le parti républicain est anéan-
ti (3962).   710

Rupture entre Antoine et Octavien.
Bataille d'*Actium*. Mort d'Antoine
et de Cléopâtre; l'Egypte est réduite
en province Romaine.   722

Le temple de Janus fermé pour la
troisième fois. Fin de la république. 723
L'an du monde 3975.

EMPEREURS ROMAINS.

César. Auguste. Jésus-Christ naît la
trente-unième année du règne d'Auguste, depuis la bataille d'Actium,
l'an du monde 4004, de la fondation de Rome, 753.

Tibère commence à régner l'an de
Jésus-Christ.   14
Caligula.   37
Claude I.   41

rius, son autre fils, empéreur d'Occident. 395

Romulus Augustule, dernier empe-
reur d'Occident. 476

Nouvel empire d'Occident établi par
Charlemagne. 800

Constantin XIV, Palæologue, der-
nier empéreur d'Orient ou des
Grecs. Prise de Constantinople par
Mahomet II. 1453

AUTEURS GRECS ET LATINS.

Poètes Grecs.

Homère et Hésiode naissent 3120
Alcée et Sapho, 3400
Eschyle, 3508
Anacréon, 3512
Pindare, 3528
Sophocle et Euripide, 3532
Aristophane, 3564

Historiens Grecs.

Hérodote naît	3520
Thucydide,	3535
Xénophon,	3554
Polybe,	3800
Diodore de Sicile a écrit sous César et sous Auguste,	
Denys d'Halicarnasse,	3973
Philon et Joseph, l'an de Jésus-Christ	37
Plutarque, etc.	48

Orateurs Grecs.

Isocrate naît	3568
Eschines et Démosthènes sous Philippe et Alexandre, mort en	3682

Poètes Latins.

Livius Andronicus naît	3764
Nævius, Ennius, Cecilius, Pacuvius, Plaute.	
Térence naît	3818
Lucrèce.	3908
Catulle,	3916

Virgile,	3934
Horace,	3940
Ovide,	3961
Tibulle, Properce et Phèdre vivoient sous Tibère, qui mourut l'an de Jésus-Christ	37
Sénèque, Perse, Juvénal, Lucain, Silius-Italicus, Stace. Martial mourut sous Trajan, vers l'an	100

Historiens Latins.

César meurt	3960
Salluste, Cornélius-Nepos, Tive-Live meurt l'an de Jésus-Christ	18
Paterculus naît l'an	15
Tacite,	61
Quinte-Curce, Suétone, Florus. Justin écrivoit vers l'an	138
Aurélius Victor, Ammien Marcellin, Eutrope, sous Valens,	364

Orateurs Latins.

Cicéron naît vers l'an	3898
Pline le jeune, l'an de Jésus-Christ	61

Epoque de l'Histoire Sainte.

On met ici les principales époques de l'Histoire sainte, afin qu'en étudiant l'Histoire profane, on puisse rapprocher les évènements de l'un et de l'autre, et en remarquer le rapport.	*Année de chaque époque*	*Durée de chaque époque*
I. La création.	1	1656
II. Le déluge.	1656	427
III. La vocation d'Abraham.	2083	430
IV. Sortie d'Egypte, loi publiée.	2513	40
V. Josué. Passage du Jourdain.	2553	256
VI. Saül. Etablissement de la royauté.	2909	121
VII. Royaume de Juda et d'Israël.	3030	368
Fin du royaume d'Israël. 3283.		
VIII. Commencement de la captivité.	3398	70

Suite des Epoques de l'Histoire sainte.	Année de chaque époque	Durée de chaque époque
IX. Retour de la captivé.	3468	360
X. Commencement de la guerre des Machabées, Héliodore.	3828	41
XI. Hircan et les princes Asmonéens.	3869	95
XII. Hérode le Grand et ses enfants.	3964	40
Naissance de Jésus-Christ, l'an	4004	
Tite prend et détruit Jérusalem, l'an de Jésus-Christ	70	

FIN.

TABLE
DE LA CHRONOLOGIE.

FIN DE LA TABLE,

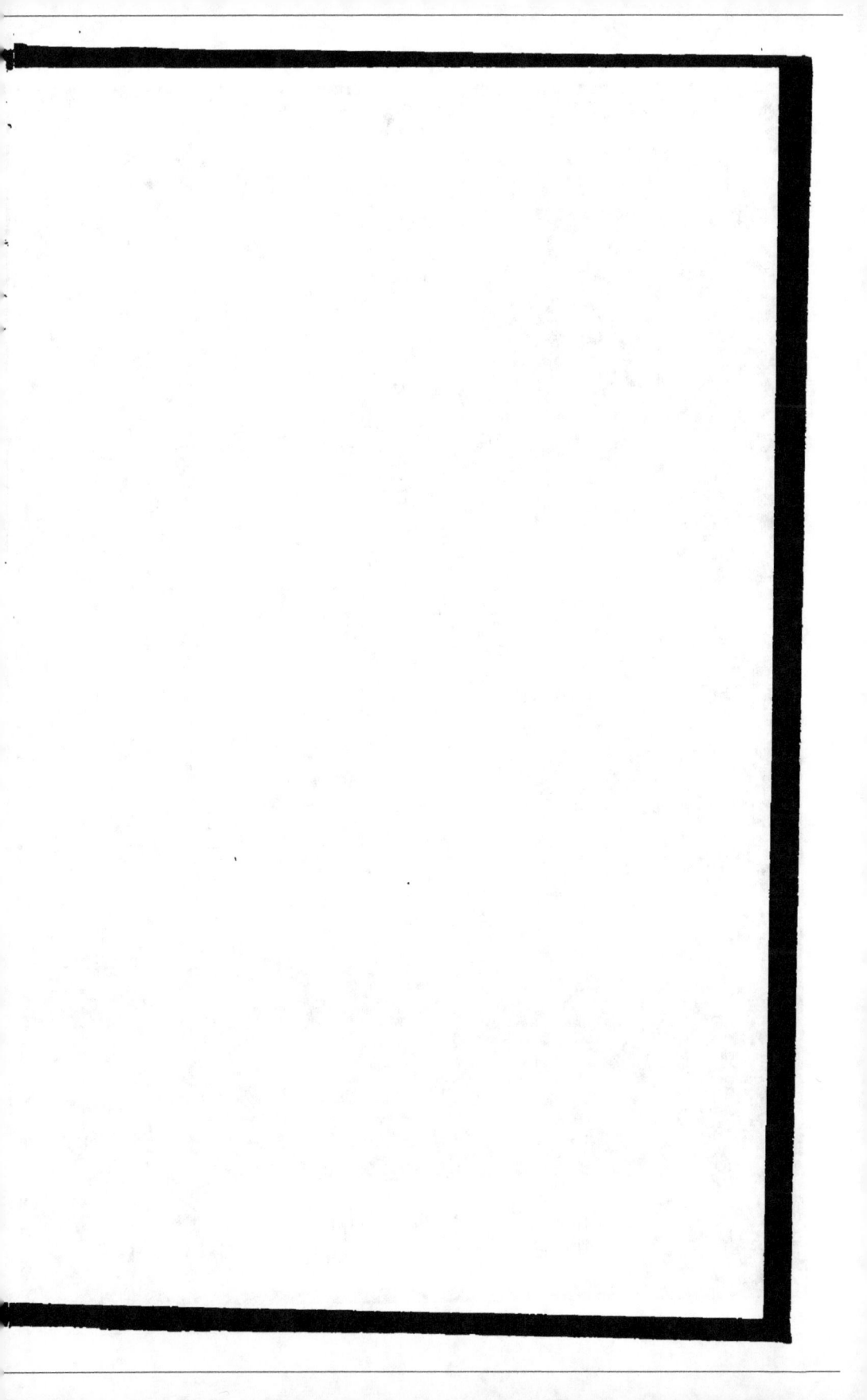

BIBLIOTHEQUE NATIONALE DE FRANCE

3 7531 01394508 5

www.ingramcontent.com/pod-product-compliance
Lightning Source LLC
LaVergne TN
LVHW022032080426
835513LV00009B/992